SHODENSHA
SHINSHO

# 人生、死んでしまいたいときには下を見ろ、俺がいる。

——村西とおる魂の言葉

村西とおる

祥伝社新書

本書は、２０１７年にＰＡＲＣＯ出版より刊行された
『村西とおる語録集　どんな失敗の中にも希望はあるのでございます』
を加筆・修正のうえ、新書化したものです。

# はじめに

あなたさまにお伝えしたいことがあります。あなたさまはどんな逆境にあっても決してあきらめることのない、挫折《ざせつ》を知らない人間だ、ということを、です。

人類は石器時代の200万年もの昔から、病気や災害、食糧難や気候変動といった生存を脅《おびや》かす幾多の危機を乗り越え、今日の繁栄を築いてきました。もはや絶望と思われる状態に陥《おちい》っても、希望を失うことなくそれらの困難を克服してきた人類の足跡は、決してあきらめることのない不屈の精神が私たちに備わっていることを教えてくれています。

人生の戦いの関《せき》ヶ原《はら》で、たとえ一時的に敗れることがあっても、そこから必ず立ち上がって這《は》い上がる強靭《きょうじん》な精神力を私たちは自らのDNAに秘めていることを知ることができるのです。

知人の世界的名医は、これまで数知れぬ程の「生命《いのち》の終わり」に立ち会ってきました。その彼が次のように語っています。

「人間は最後の最後まで自分の命をあきらめることはありません。どんなに重篤《じゅうとく》な状態の患者でも、必ずやもう一度、あの元気だった頃の健康を取り戻せるに違いない、と信じて病《やまい》と闘っています。だから私は余命宣告をしないのです。余命を宣告することは人間の〝あきらめない力〟に対する冒瀆《ぼうとく》だと思うからです」

私たち人間が持っている能力のうち最大のものは、死の間際まで決して膝《ひざ》を折ることのない、この「絶望しない心」と言えるのです。人間は誰もがこの〝あきらめない力〟に支えられて、希望のうちにこの世から旅立つのです。

あきらめを知らない人間に挫折はありません。人間は誰でも死という挫折にからめとられ、その生《せい》を終えると言います。が、人間は自分の死を知ることができません。人類の歴史の中で、自分の死んだ姿を見た人間は一人もいないのです。見ることが無い、ということは無いということと同じです。だから死という挫折は人間には無いのです。このことから人間は、きっと今日より良い明日が来ると信じて、希望のうちに死に至る「まるごとポジティブな生き物」と言えます。

この本には、私たちが不倒の「人間」のＤＮＡを受け継いでいることをおさらいする言葉がちりばめられています。たとえば、どんな苦しいことでもいつか慣れる、「耐性」を持っていることや、どれほど悲しい出来事でも忘れる心を持っていることを気付いていただける言葉です。人生のつらいときにこの本を手にとっていただければ幸いです。

重ねて申し上げます。希望を失うことのない心で逆境と戦い、どんな逆境にあっても敗れることを知らない強靭さを人間は持っているのです。

人間の幸福とは災難にあわないことではなく、どんな災難にあってもめげずに〝あきらめない力〟を持っていることなのです。私は、このあきらめず、めげることを知らない人間の底力《そこぢから》に支えられて、これまでの人生の逆境を、なんとか明るく、無神経と思えるほど上機嫌にやり過ごすことができました。この本はそんな私からのあなたさまへの「お裾《すそ》分《わ》け」です。

私たちは、人生の目的を持って生きています。しかし、いくら目的を持っていても、容易にその目的を遂げることができません。人生には目的を阻《はば》む困難が、いたるところに立ちはだかっているからです。

米国のＩＴビジネスの本場シリコンバレーでは「多死多産」の、星の数ほどの一攫千金《いっかくせんきん》を狙うビジネスマンたちが群れ、討ち死にしています。しかし、一度失敗をしたら二度とチャンスを与えることのない日本社会と違うところは、失敗は経験であり、次なる成功のための財産である「敗者復活戦」を容認するタフな競争社会であることです。

一度失敗したら再びチャンスが巡って来ない日本のような社会では、挑戦しようという人間は愚《おろ》か者扱いされかねません。が、挑戦しないことは最大のリスクです。挑戦しなければ、絶対に成功を掴《つか》むことができないからです。挑戦すれば必ず失敗します。何度もの失敗を重ねてから、ようやく成功の糸口を掴むことができるのです。

こうした人生にあって、大切な自分とは、上手《うま》くいっている絶好調の自分ではありません。そんな自分は、人生の時間の中でたった1パーセントにも満たない短い時間の自分にすぎません。大切な自分とは、希望を失い、どうしていいかわからずに絶望の淵《ふち》を歩いているかのようなときの自分です。

この、人生の99パーセントの時間をどう生きるかで、人生は決まってきます。万策尽きて途方に暮れているとき、あなたさまの力になるものはなんでしょうか。荒海で小さな小舟に乗って漂《ただよ》うかのような境遇にいるあなたさまにとって、ユニクロの柳井《やない》さまやソフトバンクの孫《そん》さまの成功譚《たん》など、屁《へ》のツッパリにもなりません。彼らは大海原《おおうなばら》で漂流するあなたさまを横目に、プライベートジェットで上空を飛んで行ったり、傍《そば》の荒海を豪華なクルーザーで疾走していく、我関せずの人たちなのです。

もはやこれまでかとあきらめかけたとき、少し離れた波間に小舟どころか小さな板切れ1枚にパンツ1丁でしがみつき、必死に陸を目指して泳いでいる男を目撃したとしたらどうでしょう？　それも71歳の古希《こき》を超えたエロ事師を、です。

そんな男でさえ、こうして逆境にあっても、へこたれずに生きようとして必死にもがいている様《さま》を見て、あなたさまは何を感じられるでしょうか。その答えは、さまざまでございましょう。私から僭越《せんえつ》な能書《のうが》きは差し控えさせていただきますが、ただ、この本であなたさまに伝えたいことはただひとつ。自分よりもっとひどい状況でも、屈《くっ》することなく立ち向かっている人間の存在を知れば、このままくたばってたまるかのヤル気や勇気が湧《わ》いてくるということです。

「人生、死んでしまいたいときには下を見ろ、俺がいる」と。それも、ずっとずーっと下に俺がいることを、あなたさまにお伝えしたいのです。

失望の中で悩まれているあなたさまがこの本を手にとられたことを祝福します。この本のページをめくっているということは、あなたさまはやはり「このままで終わってたまるか」の挫折を知らない人間のＤＮＡを受け継いでいる証拠なのですから。

ナイスですね。

２０２０年2月

村西とおる

## 目次

本文デザイン・DTP／キャップス

お待たせいたしました。
お待たせし過ぎたかもしれません。

# 第1章

# 逆境の向こうに
# ナイスな季節がやってくる

私は逆風を浴びて生きてきたから逞《たくま》しくなったんです。

人生はあきらめちゃいけない。
あきらめる所以《ゆえん》が何ひとつない。

もし、今苦しい人がいたとしたら、メソメソしてないで、さも自信ありげに強そうにしてなさい。

つらいからといってうなだれてしまったら、上から叩かれてションベンをひっかけられてしまう。だから、つっぱっていかなければならない。

（50億円も借金があるのに自信満々でものを言うと、「コイツのこの自信はどこからくるんだろう。なにかとてつもないことをするんじゃないか。一度コイツにチャンスを与えてみよう」と思っていただくことができるんですよ）

ひたすら前だけを見て
生きてきたような気がします。

挑戦し続けなきゃだめですよ。
たとえ一敗地にまみれようとも。

とにかくやり続けることの中からしか、
いろんなものは生まれてこない。

怖気《おじけ》づかず〝失敗を恐れるな〟。
失敗を繰り返す中でしか本当のパワーは
生まれてこないものなんですよ。

勇敢であれ、すべてはあとからついてくる。

報われない努力がある、と言うが嘘《うそ》だ。
努力は必ず自分の血となり
肉となり骨となって返ってくる。

どんな困難でも、挑戦してから自分自身で答えを
出す勇気を失って欲しくはありません。

這いつくばっての人生にも意味がある。

人生でめげない人は、
現実を自分の都合のいいように
考える知恵を持っているから、
誰も変えられない現実の逆境にあっても
チャンスと受け止めて、
めげることはありません。

今、
タタなければ
過去にどんな実績のある人だって
関係ない。

何か事《こと》を成し遂げようとすると、
好むと好まざるとにかかわらず敵はできる。
それを恐れていては何事も成し得ない。
どうせ立ち向かう敵なら立派な敵がいい。

夜中に起きてどうしようもなく
つらくなるときもありますが、
そんなときはガムシャラに
仕事をするしかないのですネ。

どんな苦しみだって耐えられる、
過ぎ去ってしまえばすべて思い出になるから。

希望のない絶望は存在しない。
絶望を口にしているのは
自己愛にほかならない。

## 希望がパックリお口を開けて待っている

我々が生まれ育った時代は、程度の差こそあれ、みんな貧乏でした。もし、それでグレたり、おかしくなってしまうようだったら、日本の高度経済成長はなかったでしょう。貧しさこそがエネルギーの源《みなもと》でした。言い換えれば、貧しさしかエネルギーになるものはありませんでした。

翻《ひるがえ》って昨今の社会状況を見ますと、未来を見通せないから結婚をしない、子供をつくらないのだと若い方たちの多くはおっしゃいます。

私ども団塊の世代は、だいたい８００万人います。クラスは、12とか13ありました。しかもひとつの教室に60人くらいいて入りきらない。我々の親世代というのは、明日をも知れぬ貧乏暮らしの中で、子供をつくっていたのです。戦争が終わったんだ、これからきっと良くなる、昨日よりも今日、今日よりも明日、という希望を持っていたのでしょう。理不尽に命を奪われることのない幸福な日々——これ以上かけがえのないものがあるだろうかという安心感が、子供をつくらせたのかもしれません。

生活苦から自殺をする人がいます。

私を見てください。余命1週間を宣告されてもなお生きております。ハワイで懲役370年を求刑されても、お天道《てんとう》さまの下を歩いております。50億円の借金を抱えましたが、恥ずかしながらこうして皆さまの前でおめおめと生き恥をさらしております。

人間は慣れるのです。どんな逆境であれ慣れていくことができるのです。そのときは腰を抜かすほどの衝撃と悲しさとつらさを味わいますが、やがて慣れます。慣れるという才能が人間には備わっているのです。

だから狂わなくてすむし、希望が持てる。俺には希望なんて何もない――ご自身がいくらそう思っても希望はあるんです。希望が向こうでパックリお口を開けて待っているのでございます。そこに向かわないでどうするのですか？

さあ、まいりましょう。立ち上がって、歩き続ける――それを、人間の生命力と呼ぶのです。

「バッドですね」と言うわけにいかない。

これ以上は駄目だ、と思っていても
いつかは慣れるのだ。耐えられるレベルが広がる。
ありがたい。だからヘコたれなくていいんだ、
がんばれ。

## お金がないときは妄想しましょう。それが再起の原動力になる！

苦しいときほど、自分の本当に欲しいもの、やりたいことを考えるナイスなチャンスなのです。

不景気なんてものは恐るるに足らずです。
隣のおじちゃんやお母さん、
みんな一緒に落ちていくんですから、
そこから這い上がろうではないですか。

想像力、妄想することは、
人をポジティブにするんです。

（贅沢《ぜいたく》ができないからガマンするという発想ではなく、
今許されない贅沢をするにはどうすればいいかと考える）

父は傘《かさ》貼り職人。小学生のときの
弁当のおかずがコオロギだった。

貧乏は諸悪の根源です。

どんなことからでも学べるのだ。

（そうした精神の涵養《かんよう》があれば、わが身に降りかかる「裏切り」など「愛しい人の淫液」に比肩するほどの「蜜《みつ》の味」になるのだ）

綱《つな》渡りをしているほうが、輝いて見える。

逆境をすべて自分の都合のいいように
解釈することです。そうすることができれば、
ヨットの帆《ほ》のように、風がどこに吹こうと
自分は前を向いて進むことができます。

泥の中を這いずり回った人間でなければ作り上げることのできない世界も必ずあると思います。だからいつまでもパンツ一丁の自分を見せることに誇りを持っています。

ガキの頃オヤジの言葉で忘れられないフレーズがある。
「いいか、世の中は喜ばせた分だけオアシ（お金）を
いただける、喜ばせごっこだぞ」
雨降って駄目、降らなくて駄目、の絶望的な
傘直しの行商をしていたオヤジを支えていた人生哲学だった。
大人になってその言葉は背骨になっている。

進駐軍の兵隊さんが投げてよこしたミカンの皮を競い合って拾い、夢中になって口に入れた。ひもじさで飢《う》えていた舌には何よりのご馳走だった。が、果肉をこれみよがしに食べるGIが恨《うら》めしくもあった。しかし大人になって、果肉より皮のほうがビタミンCが何倍も多いことを知った。

ガキの頃のイブの思い出、何もナシ。母親が悲しそうな顔をしているのが一番つらかった。

## 白米をはじめて食べたのは小学1年生のときでした

1948年9月9日、福島県いわき市で生まれました。あたりにはバラックが建ち、米兵がジープでやって来る、そんな時代でございました。

私の親父は傘の修理を生業にしておりました。傘の修理という職業があったんでございます。どんなものか想像がつきますでしょうか？　傘は骨が折れるんですね。破れるんですね。折れた骨を直し、破れた布を縫《ぬ》う。昔の人は1本の傘とてすぐに買い替える余裕などはありませんでした。

しかしながら、傘の修理という職業は、つくづくニッチもサッチもいかないものでございます。ともかく雨が降ってもダメ、晴れてもダメなんですから。つまりこういうことですね。雨降りの日は傘を使うし、晴れた日には傘のことなんて忘れ去られる……。

そういうわけで、親父の稼ぎなんてほとんどなかったような気がします。それなのに暇《ひま》さえあれば、近所の平《たいら》競輪場（現・いわき平《たいら》競輪場）に出かけるんですから。いつもおふくろと喧嘩《けんか》していました。

我々の世代はみんな貧しかったんですけど、うちは特に――今思えばですが――ひどかったのかもしれません。

飯食うぞー、なんて言われて正座すると、芋《いも》食ってろって出されるんですよ。前菜感覚で食べていると、それで終わり。それが飯だった。こっちは育ち盛りで腹が減ってしょうがないから、米びつを見に行ったりするんですけど、米なんてそもそもぜんぜん入ってないんですね。

小学生の頃、おふくろの母親――おばあちゃんですね――が、いわき市の小名浜《おなはま》という港町で食堂をやっていたんですよ。あるときおふくろに連れられて一泊したんですが、そこではじめて白米を食べました。

ドンブリに盛られて出てきた瞬間、うわ！　と心が弾《はず》みましたね。めちゃくちゃおいしかった。白菜のおしんこだけで3杯もたいらげました。食べ過ぎてお腹が痛くなったんですけど、この世にこんなうまいものがあるのかと思いました。

戦後の日本を支えたのは、男ではありません。それは間違いなく、女性たちのがんばりがあったからです。戦争が終わって、多くの男は腑《ふ》抜《ぬ》けになってしまったんじゃないでしょうか。

うちの親父もまさにそんな腑抜けの中の一人でございました。稼ぎもろくにないくせに見《み》栄《え》だけは張るのです。おふくろを言いくるめて自分の姉のところに借金の無心に行かせたり、そんなことをしょっちゅうしていましたね。

ともかくおふくろは朝から晩まで働いていました。朝4時半に起きて銭湯の清掃に行くんです。女湯と男湯を一人で洗うんですね。たまにのぞきに行くと、冬などはおふくろの全身から湯気がばぁーっと立ち上っていました。人間からこんなに湯気が出るものかとびっくりしました。おふくろの垂《た》らした汗が大量の湯気と、そしてわずかばかりの生活の糧《かて》になっていたんですね。

銭湯の清掃を終えて7時半頃にうちに帰ってきて、子供たちを送り出したあとは、今度は連れ込み旅館のようなところに行って掃除をして、夜はおでん屋で10時、11時まで働いていました。

鮮烈に憶《おぼ》えているのは、小学校低学年くらいの頃でしたか、ちょうど桜のシーズンになると、松《まつ》ヶ岡《おか》公園というところで大々的に花見が行なわれるんです。花見といっても、昔の話ですからそれはもう常軌を逸《いっ》したどんちゃん騒ぎが繰り広げられるわけですね。テレビも何もない時代です。大人のレジャーと言えば、そういうときに一升瓶をあおって騒ぐしか楽しみはないんですよ。それに常磐《じょうばん》炭田もまだありましたから（1976年に閉山）、荒くれ者の多い土地でした。

おふくろはシーズンになると知り合いの店をたよって女給として働いていました。酒やおでんを運んだり、あるいは時には接待婦のようなこともやらされていたんでしょう。

ある日、仕事の帰り道、坂道の途中でおふくろが暴漢に襲われるということがあったんです。これは大変だというので、翌日から必ず迎えに行くようにと私が親父に言われたんですね。自分で行けばいいものを。まともに働けばいいものを。まったくどこまでも自分勝手な親父でございます。

学校から帰って4時くらいに松ヶ岡公園に行って、おふくろの姿を確認すると、それから夜中まで公園の中をぶらぶらしながら仕事の終わるのを待っているのです。

あるとき、夜になってそろそろ終わるかなと思ってぼんやりおふくろを見ていました。すると、おふくろが酔っ払いにパチーンと殴られたんですね。おふくろはその場に倒れてしまいました。30メートル先で起こったその光景が悲しくて、そこから一歩も動けなかった自分がいました。思い出しても悲しくなります。

だいたい60日くらいでしたかね、そういうシーズンがあって、おふくろは酔客相手に働き、私は木の陰からそれをじっと見つめるばかりでした。おふくろが忙しく立ち働くあの風景の向こうにどんな世界や未来があるのか、幼い私にわかるはずもありませんでした。ただ、悲しいだけの現実が目の前にあるのでございました。

# 逆境もまたよし。

(団塊世代の一人としてあと20年は最前線でがんばろうと思っています。まだまだお役にタちます。バター犬のように使ってみてください。ナイスですね)

不肖《ふしょう》村西とおるという、
ネバーギブアップの世界があれば、
それが金看板でございます。

すぐれモノはやっぱりナイスだ
という季節が再びやってくるのです。

母親の写真を見る。桜の時季に屋台で働いていた
40歳の頃の写真。割烹着《かっぽうぎ》を着てカメラに向かって微笑。
キレイだ。自慢の母だった。母親がもしAVに出ていたら、
と考える。きっと人気者になっていたに違いない。
AV監督になったことを知って「お前のような
親不孝者はいない」と、言葉も無かった母だけど。

昔は良かった、と言う人がいます。
信じられません。

お年玉を貰《もら》うたびに「ありがとう」とお礼を言うのが苦痛でした。一度たりとも貰ったお年玉が自分のものになったためしがなかったのです。お客が帰ったあと、親に全部取り上げられ、一度「嫌だ」と反抗したら「相手の家の子に同じだけのお年玉を渡さなければならないんだよ、バカ」と張り手を喰らいました。

母に、戦争が終わって何が嬉《うれ》しかった、の質問。道で野垂れ死にをした女の死体が辱《はずかし》めを受けるようなことはこれでもう無い、と思った、との答え。今日の日本の社会は荒廃している、という意見の持ち主がいます。違います。衣食住足《た》りれば人間は礼節を知る、となっていましょう。

高校3年の1年間は50日も学校に行かず、呼び出されて「お前を卒業させるわけにはいかない」との担任の宣告。

「将来は何になるつもりだ」の問いに「ブラジルに行って牧場を」と山の彼方《かなた》を。

すると「馬鹿、アッチの方向はソビエトだ」と大目玉。

卒業式のあと、1週間の校内掃除を条件に卒業を許されました。

# あきらめを知らない努力は必ず報われる。

# 最後に笑う者は大きく笑う。

戦中戦後のあの時代を生き抜いてきて、父や母が人知れず流した涙は、バケツいっぱい溢《あふ》れただろう。ところでどうだ、お前はバケツにどの位の涙を流したんだい、と自分に問うてみる。なんだ、それぱっかりの涙じゃまだまだ苦労が足りないな、会いに来るにはまだ早すぎる、の両親の声が聞こえる。がんばろう。

第2章

# 海が割れるってことがあるんだよ

学歴もない、資格もない、いわば他人様《ひとさま》より多少、スケベな私。だからこそ、動物的本能で時代の先端を嗅《か》ぎ分けることが可能なのでございます。

高校を卒業して社会に出たときの初任給が1万7000円。ベトナム戦争でメコン川の輸送船に乗れば8万円貰えるから行く、と友達が言うので、一緒に行こうかなと真剣に悩んだ。当時米兵の月収が約8万円。今でも初任給の金額が頭にあって、月に2万円あればなんとか暮らしていける感、が残っている。

20代のとき、百科事典のセールスをしておりました。
日本全国に5000人ほどいたセールスマンの中で、
日本一の栄光に輝きました。秘訣は〝言い返し（応酬話法）〟にありました。

世の中というのは学歴とか
閨閥《けいばつ》じゃなく実力で
やっていけるんだ。

人が1やるところを3、
3やるところを10やればいい。

捨て身で挑《いど》んでこそ
お客さまに喜んでもらえるんです。

私がトップセールスマンであれた所以《ゆえん》は、その商品について5時間でも6時間でもしゃべり続けることができたこと。相手がウンと言うまで放さなかった。

（詳細は、村西とおる著『禁断の説得術 応酬話法』祥伝社新書を参照）

営業はセックスと同じ。お互いに分かち合う感動がないといけません。

人を説得する秘訣は情熱。
それに尽きるのでございます。

セールスマン時代に摑《つか》んだセールスの要諦《ようてい》は三つでございます。
ひとつは、相手の頭の中に、この商品が自分には必要だ、
との需要をいかに創造するか、でございます。
二つ目は、人を動かすのはテクニックではなく情熱だ、ということです。
情熱的に説き続ければ、女性と同じく、
よほどの人物でも口説き落とすことができるのでした。
三つ目は、断《ことわ》り文句に怯《おび》えず、完璧なクロージングを駆使する、ことにありました。
断り文句には「エンドウ豆を眼で嚙《か》めないから」とか「屁《へ》で字を書けないから」、
といった突拍子もないものはありません。
「高い」「必要ない」「同じ物を持っている」「今すぐには決められない」
「お金が無い」の五つが大方のものです。

相手の目をしっかりと見据えること。

ともかく、惚《ほ》れ込む。

理屈を言うのではなく、
具体的に自分の体験（ほとんどが失敗体験）を
素直に話すことでございます。

話し上手になるには、聞き上手になること、
聞き上手になりたければ、いつもよく笑うこと。

戦火の中に飛び込んだ以上は
闘い抜かねばなりません。

人の心を動かす決め手になるのは
いつの時代でも「欲」でございます。

認識から発想が生まれる。

せせこましい家にいると、
セックスはあっても、サクセスはありません。

# 自らの欲望ではなく、
# 相手の欲望を優先する。

仕事を仕事としてでなく、ゲームや
趣味感覚で楽しむことができたらコッチのモノ、
でございます。

センスとはいわば人間力。

起こったことをすべて受け入れてしまいなさい。
それも良いこととして受け入れなさい。
それが成功への第一歩です。

身もだえする毎日で勝負して
ひと汗もふた汗もかく。

戦う前から白旗をあげているから
舐《な》められるのです。

わかりました、と引き下がることは
生きるのをやめること。
簡単にあきらめるわけにはいきません。

## 一歩外に出たら、手ぶらで帰るわけにはいかない

高校3年くらいになるとほとんど学校へは行きませんでした。中学を這って出たような人間が行ける高校なんて名前だけみたいなものでしたし、このまま卒業して職工だけで終わる人生など嫌だ、と。それで身ひとつで東京に出ることにしました。そうするしかなかったのでございます。

上野《うえの》の公園を、腹を空《す》かせてほっつき歩いているときに拾った新聞でたまたま見かけた求人広告に飛びついたのが、今で言うホストクラブのような飲み屋でした。

しかし、21歳で結婚をして家庭を持ったのを機に、もう少し家族を豊かにできる収入を得られる仕事に就《つ》こうと思い、セールスマンになりました。「固定給ゼロ。能力給のみ。学歴問わず」――特に最後の部分に魅《ひ》かれたのは言うまでもありません。

英語の百科事典のセールスだったのですが、セットで20万円くらいする高価なものでした。今のお金の価値で言うと100万円くらいのものでしょうか。だからそんなにバンバン売れるようなものではないのです。

私も最初は苦労しました。街中に立っても、なかなか声が掛けられないんですね。すると

上司に、このヤロー、声掛けるんだよ！　と後ろから蹴《け》っ飛ばされました。一着しかない背広に靴の跡がくっきりついたのを憶えています。元来、福島県の人間というのは「男は3年に片頰《かたほほ》」と言って育てられるのです。男は滅多《めった》に笑うものじゃない。笑うのは3年に一度くらい片方の頰で笑う程度にしろと。

ですが、もじもじしているのも2、3日でした。やらなければ食っていけませんから。覚悟を決めると人間は強いのです。そうこうするうちに、グループ全体で営業マンが5000人ほどいたのですが、私の成績は常にトップ10に入るようになりました。

昼間は街に立ってキャッチセールスをします。だいたい1日で200人から300人に声をかけます。たとえば、私が蒲田《かまた》の駅前でキャッチセールスをしていると、同じようなセールスマンが5、6人、声を掛けているんですよ。そして私がお客をつかまえて近くの喫茶店に入ると、その5、6人がぞろぞろとついてくるんですね。いったい私がどんなふうな口説き文句でセールスしているのか聞き耳を立てているんですよ。

私は包み隠さず、会得《えとく》している「応酬話法」を披露しました。仮に私以外の人が私のやったとおりにしたとしてもできないんですから。人間の観察力が違うのです。

お客さまによって使う言葉やアプローチの仕方がまったく異なるというところを、そもそも理解していないとセールスは成り立ちません。性格や現在の心境、生き方の好みなど、目の前のお客さまに一番マッチした話し方をしていかないといけないのです。たとえば、「どういうお仕事ですか?」という質問に返ってきた答えで、ある程度のことを探ってチャンネルを合わせていきます。もちろん基本学習として新聞や週刊誌などありとあらゆるものを頭に入れておりました。

そして夕方を過ぎれば、マスセールスをします。有名企業の独身寮に行くんですね。多いときで15人とか20人が食堂に集まります。最低でも5、6人はいましたね。

「お待たせいたしました。お待たせし過ぎたかもしれません」というフレーズは、このときに生まれたものです。今でも、テレビやイベントなど人前でお話しさせていただくときは、このときの感覚でやっています。だから自然と敬語になるのですね。

独身寮の食堂で私が話していると、涙ぐんで聞いている人もいました。私はいきなり商品の説明などしません。これからいかに生きていくべきかについて、人生どうあるべきかについてを滔々《とうとう》と語るわけです。そうです。物を売ろうと思ったら売れないのです。人生の話をしていく中で、最後にこの英語百科事典がいかに人生を豊かにするものであるかということを説くのです。

それにしても、営業というのは過酷なお仕事です。私も身をもって知っております。夏の暑さ、冬の寒さ、街の厳しさ、すべてが身を切り裂く刃物のように感じます。

特に私のセールスはルートセールスのように昨日の積み重ねが効《き》かないものでしたから、いつも家の扉を開けるときがゼロからのスタートでした。うちを一歩出るときのエネルギーがものすごく必要でした。行きたくないなあ、今日は休んじゃおうかなあ、毎日がそういう自分との葛藤です。でも、とりあえず今日は行こうと。そしてネクタイを締めて背広を着て靴を履いて、一歩外に出るともうそこでスイッチが入るのです。

外に出たからには元を取らなければいけない、手ぶらで帰るわけにはいかないんだと。仕事というのは、日常生活の延長ではないのです。自分のスイッチを入れて、鎧兜《よろいかぶと》をつけて戦わなければいけない。もうひとつの自分の顔があるのですね。

社会経済というのは、そもそも不必要なものを持つことによって循環しているわけです。空気とか水とか作物とか、そういうものだけだったら農耕社会から一歩も先に進みません。

歌でも本でも、ないよりあったほうがいい。そういうものを提供する仕事が現代社会では特に大切であり、それがないと世の中の発展はありません。

ないよりあったほうがいいもの——それはつまり、新しい価値やサービスを顧客ひとりひとりの心の中に創造していくことなのです。営業とはそういう仕事なのです。

まるで真綿《まわた》で包むかのように、あなたにはこれがフィットしますよというふうに提供すれば、そうか、ないよりあったほうがいいから買ってみようということになるわけですね。そういった感性を持てるのは人間だけなのです。ゆえに、営業、これほど誇り高き仕事はないのでございますよ。

これは闘いなんだよ。
生き残れるか、残れないか、どっちかなんだから。
勝負をしなきゃしょうがないでしょう。

目標に一歩一歩近づいている充実感は何ものにも代え難く、
1日たりとも休んでいることなどできないのです。
ブラックだ、などと叫んでいるのは目的と
生き甲斐を失った人間の戯《ざ》れ言《ごと》、でございます。

社会人の鍛錬《たんれん》の場として「営業」ほど誉《ほま》れ高き職業はないのではないでしょうか。なんとなれば「物を売る仕事」は私たちの生活の豊かさの「核心」だからです。

スケジュールに追われ、やっつけ仕事に追われ、場面を仕切ることばかりに追われているから、心ここにあらずっていう顔をしている。
とんでもない話だ。

常人と違う発想をしなければ
生き残っていけません。

目的を持って働いている人間にとって、
休みのない労働であっても苦《く》になることはなく、
それは喜びでさえあります。

世の中のことでわからないことなど、何ひとつありません。
数式や化学のことならいざ知らず、モノの見方、
考え方でいくらでも新しい価値を相手の心に
芽生《めば》えさせることができるのです。

どうしていいかわからない、はない。
算数の、解けない計算式ではあるまいし、
人間社会に答えのない問題などない。
できないのはしないだけ。
人類の祖先が培《つちか》ってきた知恵で、
人生で起きる問題はことごとく解決してきた。
わからない、はわかるまで考え抜かないだけ。
やらない理由の自己弁護は、みっともないだけ。

考えて考え抜く、悩んで悩み抜くことでしか、他人には見えない道を探り当て、絶景のパノラマと出会うことはできないように思う。そうしたタフな生き方をしていれば、ライバルは、こんな奴と競争していたら大変なことになる、と闘争意欲を失い、逃げ去る。夢は逃げない、逃げるのはいつも自分だ、を胸に刻《きざ》んで。

## カネでは人の心は買えない。

学歴の必要性がわからない。学歴の価値って何なのだろう。
学歴がないためにそうした道を選んでこなかったからだろうか、
やっぱり学歴が必要だ、と思った経験が一度もない。
学歴など屁のツッパリにもならないAVの世界の住人だからなのか。
会って30秒以内に「東大卒です」と言ったバカに出会った。

頭がいいっていうのは英語や数学ができることじゃないから。
オリジナルな生き方を自分の頭で考えることを
勉強したほうがいいよね、青春時代は。

ヌードグラビアのエロスは不滅だ。時代の進化に挑戦する意欲を失えば、退場するしかないのはどんな世界でも同じ。失ってはいけないのは「不屈のパッション」。

人間の願望でもっとも強いものは、金や地位もそうでしょうが、まずは「他人に認めてもらいたい」なんですね。

想像力は神様が与えてくれた最大の贈り物。

ガマンの後に天国がやってくる、SEXと人生。

謙虚さを持つことは最低限の人間のたしなみだと思う。

人を動かすのは情熱だよ。

蹴ったり殴ったりで人は動かせない。

女性に横暴な男でデキる男を見たことがない。

その人の為《ため》であり、喜んでいただけること、

自分だけの利益じゃない、お互いが喜びと感動を

シェアできるという確信がなければ、

人を動かす言葉ってのは出てこない。

言葉は力なんです。

## 天職という職業は存在しない

人を動かすものは言葉なのです。暴力というものは限られた力でしかありません。人は言葉によって涙を流したり、心拍数を高めたり、あるいは精神を狂乱させたり、死に追い込むということも可能なのです。

言葉を強くするのは経験です。字面《じづら》だけでわかっていることと、経験して噛《か》み締《し》めた言葉はまったく違いますから。小学1年生の2学期に習っているような言葉が、60になって経験してみてようやくわかるというようなことがあります。

私がアダルト・ビデオ（AV）の世界に言葉を持ち込んだのは、言葉を武器に戦っていたセールスマン時代の経験が大きかったと思います。言葉があったからこそ、かつて誰も作ってこられなかったAVを作れたのだと自負しています。

私が追求したエロティシズムの世界は、「リアリティ」でした。いくらドキュメントといっても、やはりカメラを向けられている以上は意識してしまうものです。演じてしまうのです。つまり嘘が入るわけです。本当の自分を隠してしまって、必要以上に自分を良く見せようというような意識が働いてしまう。しかしそうすると、どんどん本当の自分からは遠ざかっていくのです。

だから私は言葉によって、そういう装飾物を1枚1枚、服と一緒に脱がしていったのです。彼女自身も知らなかった本当に興奮したときの顔、恥じらう姿、見せたことのない姿態……その、予定調和ではない部分にこそ、見ている人たちは興奮したり、面白さを感じてくれるのです。

キャプションや誰かの書いたドラマなんて必要ない。女優さんと私とで部屋に二人きりになって撮影させてくれれば、そこにドラマを創出せしめてやるぞという心意気ですね。どんな監督が束《たば》になってかかってこようとも、彼女が真実の姿をさらけ出すのは私の前だけだという信念と覚悟を持って撮影に臨《のぞ》みました。

そうして生まれたのが、ハメ撮りや駅弁、顔射《がんしや》という手法や演出であったり、ナイスですね！　や、ゴージャス！　ファンタスティック！　などといった私の言葉なのです。

しかしながら、最初はまったく売れませんでした。営業部長から、もう撮らないでくれって泣きつかれたこともありました。私にも女房子供がいるんです、と。それでもやめるわけにはいきませんでした。確信はありませんでしたが、信じてやり続けることでしか海は割れないのです。

1986年10月、日本の性風俗文化を変革する作品が誕生しました。それが、黒木香《くろきかおる》さまの『SMぽいの好き』です。一大ムーブメントを巻き起こしました。ご記憶の方も多いでしょう。現金書留の個人オーダーだけで8万本来ましたから。それだけで10億円くらいの売り上げです。

でも黒木香さまの功績は、そういったビジネス的な側面だけではありません。ここから現実的に女性の時代が開けていくことになる――そこにこそ価値があるのです。

思想的にはそれまでにもフェミニストの方々が「女性の時代」と言っていましたが、実際問題、社会変革をするまでには至らなかった。ところが黒木香さまのAV出演によって、性的世界から女性の解放が始まるわけです。奔放に性を愉《たの》しむことは何も男性の専売特許ではないのだと。女性の性というものは、男の性を凌駕《りょうが》するものであったのだと、刮目《かつもく》させたわけです。だから、女性を解放したのはAVであって、社会運動家ではないのです。

AV監督は天職ですか？

よく人から聞かれます。私は、そうですと答えます。ただし、天職というものは、自分で選ぶものではないと思っています。天職というものは、自分で決めるものではなく、世間に認められて決まるものなのです。だからいくら自分がこれこそ俺のやることだと言っても、世間さまが認めてくれなければただの独《ひと》りよがり、オナニーにしかすぎません。そういう意味で、私にとってAVの監督は天職だと言えます。つまり、必死にやっていたら、いつの間にかAV監督と呼ばれるようになっていたのです。

なんでもいいからやってみる。生きるためにがんばる。そうしていく中で、君いいねと言われる日が来る。ああ、俺はこんなことをやったら褒《ほ》められた。嬉しい。もっとやってみよう。今度はこんなふうにやってみよう、そうやって天職になっていくのです。

改めて申し上げます。天職という職業はこの世には存在しません。世の中で成功した人はみんなそうではないでしょうか？　はじめからそれを目指していたというより、やっているうちにのめり込んで、磨《みが》きがかかって、社会的な評価を得られるようになり、結果、人間国宝なんて言われるようになる。人間国宝ははじめから人間国宝ではありません。

恋愛も同じです。男と女が出会ったこと自体が運命なのです。ああだこうだ考えたところで仕方がない。運命に身を委《ゆだ》ねてみるのも手、でございます。

もがいてたら、
なっていた。

男なら余計なこと考えずに動けよ、
おもいっきり。

躊躇《ちゅうちょ》せず、追っかけていくんです。

負けるのが怖くてやってられるか、
サムライの血が騒ぎ、
今日も倒《こ》けつ転《まろ》びつの出陣が続く。

生きがいなどは、その辺のスーパーで売っているものではありません。艱難辛苦《かんなんしんく》の刻《とき》を重ねて、ようやくそのことを成し遂げる自信を持てるようになってからのものです。

思ったことは必ず実行する。

暇なヤツは感性が鈍化してしまう。

AVが世《よ》に出始めた頃、日本国内で家庭用ビデオ機器の普及率は1パーセントもありませんでした。1日に売れる本数は10本がやっと。焼肉屋に行っても食べるのは豚足《とんそく》ばかり。が、時代の山が動き、海が割れました。2年後、雨後《うご》の筍《たけのこ》のように全国にレンタル店がオープンし、機器も普及。日に1万本の注文が来ました。

AVは人間としてどうか、は問われない。
人間とはなんだ、が問われている。

「素晴らしい！」見たものは必ず評価する、
これが必要ですね。

「脱いでごらん」と自然に言える
村西でございます。

自分自身のスケベな心に耳を傾《かたむ》けて、ハメ味、
モロ味、カケ味を追求してきた私でございます。

才能とは、死んでも譲《ゆず》れない
自分のスケベ心。

スタッフの友人が癌《がん》で亡くなった。面識はないが手前どものAVのファンだった。痛みをこらえながらの病床で手前どものAVを見て、面白いなぁ、と笑っていたという。そのときだけ痛みを忘れていることができた唯一の時間。30代の若さが泣き笑いの中で逝《い》った、このことが揺るぎないプライドとなった。

一言もしゃべらず黙々とセックスしてたんじゃや、動物と変わらないでしょう。
人間のセックスっていうのはね、男と女の会話なんですよ。

監督と言えば野村《のむら》だ長嶋《ながしま》だ、黒澤《くろさわ》だなんて、片腹《かたはら》痛いというの。監督ならば、村西とおる。

羽田《はねだ》空港のロビーのベンチ。隣に中国からの留学生の青年。日本で医師を志《こころざ》し、勉強中とのこと。仲良くなって自己紹介。名刺を渡し別れる。5分ほどして青年戻り来て「アナタ日本一のスケべな監督」。手にはスマホ。どうやら手前どもの名前を検索して驚き、一言何か言わないとおさまらなかったらしい。

私のいる世界は素晴らしい世界でございます。
セックスしながらサクセスしましょうの世界ですね。
そうです、サクセックスが待ち受けているんでございますね。

AV男優はAV女優を見ない。見ているフリをしているだけで頭の中は別のことを考えている。自分が間違いなく勃起できるシチュエーション、初恋の人や憧れの人、忘れられないセックスのことだけを頭に描いている。どんな雑音が入っても演奏を乱すことのない音楽家のよう。修行僧のように見えるときがある。

横浜《よこはま》ベイブリッジを駅弁で疾走した時代が懐《なつ》かしい。
限界と行き着く先を知らないからこそ
目を見張る作品が仕上がる。

他人のAVを見たことがほとんどありません。

ひとつには自分の撮りたいものでしか勝負できない、との思いを持っていたから。もうひとつは安易に真似をしてクセになるのが怖かったから。確信は、気が狂うほどに見たいものを他の人も見たいに違いない、の自分の性欲でした。

異常な性欲が拠《よ》り所《どころ》となりました。

# 人を左右するのは拠り所。

どれほどの地獄やドロドロした世界を見て呻吟《しんぎん》してきたか、そんなものは微塵《みじん》も見せず明るく笑って、スッとパンツを脱ぐ。

いくら好きでもプロでやっていると苦しいことも嫌いなことも多い。でもやり続けられるのは「好きなこと」が少し多いから。

全部好きなこと、の仕事なんてない。

1ミリだけ好きならそれで十分だ。頭の中で1ミリを100ミリにして楽しむから。スポーツや勉強だってそうだと思う。

世の中の愚か者の中で自分以上の愚か者はいない。

正当化できない愚か者。胡散臭《うさんくさ》くて自分が嫌になる。でも生まれ変わったら、と考えるとAV監督しか浮かばない。何度生まれ変わっても、この職業に就《つ》いているに違いない。高校卒業の頃はAV監督などいなかったのに。誰とて少なからずそうではないかしらん、と思う。

# 第3章

# 死のうと思ったことは1000回くらいあります

人生において成功と言われるものは
あまねく運でしかない。

人生はやったもの勝ち、です。
弱気は最大の敵、と心得てください。

偉大な成功を成し遂げたといってその志の賜物《たまもの》と高ぶらないほうがいい。失敗もまたその志の低きゆえと落ち込む必要はない。大部分は偶然の結果に過ぎない。

ビニ本を全国に展開し、真珠湾《しんじゆわん》上空でセックスをし、横浜ベイブリッジを駅弁で走り、前科7犯、巨額の借金を背負った。嘲笑《あざわら》ってください、愚か者と。ドン・キホーテでしか生きられない人生でございます。

36歳のとき、ビニ本販売で逮捕される。福島の田舎から札幌《さつぽろ》の警察まで面会にやって来た母親は取調室に乱入してきて「おまわりさん、こんなワルは一生刑務所に入れておいてください」と泣き崩れた。猥褻本《わいせつぼん》の販売で捕《つか》まったぐらいで「一生」などと何を大袈裟《おおげさ》な、と思いつつ母親に土下座させた身が情けなかった。

英語を理解できずに死にかけたことが。
ハワイの別荘で撮影中にFBIに踏み込まれ御用《ごよう》に。
床の上にねじ伏せられ、頭にピタリと45口径のピストル。
捜査官は大声で「フリーズ」。が、「プリーズ」と聞き間違え、
なにが「プリーズ」なのかと起き上がろうとした。
「フリーズ！」。大男の白人捜査官が必死の形相《ぎょうそう》でコメカミに銃口。

370年の求刑でした。スタッフ15名も一緒に捕まったので、
その保証と弁護士費用で合計1億円ぐらいかかりました。
拘禁《こうきん》症状にもなりましたし、同房にはホモのエイズ患者もいましたしね。
まじめな話、この時期は人生でも一番堪《こた》えたと言えるでしょうね。

わたくしの人生は、剣《つるぎ》の刃《は》渡《わた》りでございます。

怒らせたら怖いのは女性のほう。別れ話を切り出したら、通販で買った数十本の包丁を手裏剣《しゅりけん》のように投げつけられたことが。一緒に死んで、と湖の畔《ほとり》に。車の中には大量の睡眠薬。まずアナタから、と差し出された掌《てのひら》いっぱいの錠剤。死の淵《ふち》を乗り越えて今日に至っております。

私の考えではもともと「ワイセツ」なるものは存在しません。それは取り締まろうとする側の心の中にのみある、ということです。

# 哲学的な能書きなんてどうでもいい。

セックスと同じように、人生では、
やらないことが最大のリスク。

私は悩み、葛藤し、否認する。
そしてしばらく生き続けている男、
というわけ。

どうしたら現実のしたたかさに拮抗《きっこう》できるか、
正直、悩み抜いているのでございます。

紙袋に、札束を目一杯入れると
800万円入るんです。

大儲けをしてみればいい。
尊敬など決してされないから。

## 3000万円持って買い物に行ったら、支払いが6000万円だった

ハワイでのロケ中、FBI、ハワイ州警察、ホノルル市警、入国管理事務所の職員など、総勢50人ほどに突如踏み込まれて、スタッフや女優15人ともども御用となりました。床の上にねじ伏せられて、45口径のピストルをこめかみに突きつけられました。旅券の資格外活動や不道徳行為などで、私には懲役370年が米国連邦裁判所より求刑されたのです。

優秀な弁護士を何人も雇《やと》って、勝利を目指し、司法取引をし、ようやく解放されて故国の地を踏むことができました。

ところが、私がハワイで捕まっている1年ほどのあいだに、会社の社長だったN氏との関係に隙間風《すきまかぜ》が吹くようになっていました。

もちろん、1年の不在もそうですし、裁判費用などで1億円くらいかかりましたから、私も迷惑をかけたという認識がありました。しかしそれはそれとして、N氏のほうでも自分の好きにやってみたいという感覚が芽生えたのだと思います。

独立することに踏み切りました。ただ、独立するといっても資金が必要ですから、どう見積もっても1億円はいる。どうしようかなと思案しているときに、知り合いの弁護士先生か

らお電話をいただきました。彼とはビニ本時代からの付き合いで、私が北海道で捕まったときもずいぶん面倒を見てもらいました。

その弁護士先生が電話口で言うのです。大丈夫ですよ、と。僕が1億円貸してあげますよって。彼が持っているとは思えなかったので、どこかから工面《くめん》してくれるつもりだったのでしょう。私はありがたくその申し出をお受けし、その資金を元にダイヤモンド映像というメーカーを設立しました。

そうすると間もなく、松坂季実子《まつざかきみこ》さまが現れました。バストサイズ110《イイオンナ》・7センチ、「巨乳」という言葉を生み出すきっかけにもなった女性です。彼女の作品を売ると、確実に1本1億円くらいにはなりました。一気に上昇気流に乗ることができました。さらに、桜《さくら》樹《ぎ》ルイ、卑弥呼《ひみこ》、田中露央沙《たなかろおさ》といったスーパースターたちが続々とダイヤモンド映像からデビューしていきました。あれよあれよという間に会社は大きくなり、月に8~10億円を売り上げ、年商100億円を突破しました。

どうして私のところにこんな素晴らしい女の子たちが集まったのか。はっきりした理由はわかりません。ただ、AV志願の女の子の面接は私が直接行なうのですが、そういう場で私は絶対に断りませんでした。

皆さん、必ず写真をお持ちになります。彼女の目をじっと見つめ、写真に目を落とし、それからまた目を見つめて言います。

「ぜんぜん違うじゃないの。ダメだよ」

そうすると女の子は、バレたと思うわけです。写真写りが良い1000枚に1枚の奇跡の写真を持って臨んでいるわけですから。実物とのギャップが激しすぎると思われたのだろうと観念するわけですね。

そこですかさず私は言います。

「写真写りが悪すぎるじゃない。実物はこんなにいいのに！　よし決めた！　こんなに実物が良かったんなら予定変更だ。あなたの処女作を伊豆《いず》あたりで撮ろうかと思っていたのですが、そんなのじゃダメだ。グアムだな。これはひとつこちらも対策とらなきゃいけないよ。もったいないよこれ！　採用！」

だいたい1分半もあれば終わってしまいます。余計なお話はいっさいしません。女の子をウキウキした気分で帰すのですね。ところが連れてきたマネージャーは、私の反応で本当に採用されたのか、あるいは不採用かというのはわかります。もし不採用な場合は、「あの監督は有名だけどちょっとハードな作品が多いから、新人の君にはもしかしたらキツイかもしれない。ほかで2、3本撮ってからまた監督のところに行こう」、と言うわけです。

もし私が女の子の目の前で眉間《みけん》にしわを寄せて、「うーん、もうちょっとおっぱいがあればねえ……」なんて言いだしたら、女の子は傷ついてしまうでしょう。有名な監督との面接だと意気込んで来ているわけですから、もう二度とAVに出ようなんて思わないかもしれない。せめて傷つけて帰すようなことはしないでおこうと思っての「採用!」の一声でございます。

私のところからデビューした女の子たちは、瞬《また》く間にスーパースターになり、メディアからも注目されました。お金は使っても使っても減らないというくらい入ってきます。当時の私のお金の使い方を見た知人が、私にこう言いました。

「監督はお金を使ってるんじゃないよ。ばら撒《ま》いてるんだよ」と。

タレントを4、5人連れてブティックに行って、そこで高級ブランドの一点もののドレス1着800万円くらいするものを何着も買うのですから。あるときなど、3000万円持って買い物に行ったら支払いが6000万円になって、足りない分を小切手で払ったこともありました。

これだけ買っていたら値切ったっていいんじゃないですか、なんて店員に言われたこともありますけれど、そういうことじゃないんですね。彼女たちへの御礼奉公《おれいぼうこう》という側面もありましたから。松坂季実子さまに月に1億円も稼がせてもらっているのに、1000万円も2000万円も買ってあげないと気が済まないわけです、私からしてみれば。要するに物はなんでもいいわけです。彼女たちの目の前で高価な物を買う姿を見せられれば。

しかし、そんな豪奢《ごうしゃ》な日々が長く続くはずもなかったのです。まるで白日夢《はくじつむ》のように、あるいは砂上の楼閣《ろうかく》のように、そうした日々は違う現実に吹き消されていきました。そうです。莫大な借金返済の毎日に……。

ずーっと続くことは何ひとつない。

「ナイスですね」。
この一言はお嬢さまの精神と、
持ち携《たずさ》えている肉体に対しての、
最高のラブメッセージなわけです。

久しぶりにスカウトをしていた男と再会した。
面接に連れて行った女のコが美しい、素晴らしい、
と言われる度《たび》にガックリきた。
監督が不採用のときに決まって言う褒め言葉だから、と。

今日中にお金が無ければ明日大家に家を追い出されます。3歳の息子の手を引き、乳飲み児《ちのみご》をおぶった母親の直訴。

採用し撮影開始。が、隣室から幼な児《おさなご》の泣き声が漏《も》れ聞こえてきて集中できない。仕方なく乳児に母親の乳頭を含ませ、編集で乳児の顔はワイプで切った。気の毒だったのは男優。泣きそうだった。

病《やまい》の苦しさと金の無い苦しさのどちらがつらいか、と問われれば、文句無しに金の無い苦しさ、と答えるのでございます。

この世で逃《のが》れられないものは、「死」と
「人の裏切り」であることを承知しております。

絶望を口にする資格が俺にはないんだから。

ピストルを突きつけられたことが二度あります。
一度目は歌舞伎町《かぶきちょう》でヤクザに脇腹に。二度目はＦＢＩに頭に。
不思議と怖いという感情はありませんでした。
相手の形相の恐ろしさではじめて恐ろしい、と感じました。
この世に恐ろしいものはない、
それを扱う人間が恐ろしいから恐ろしくなるのだ、
ということを実感した体験です。

群馬県の山中のダムに連れて行かれて、真っ暗な中、「おまえさんに貸したおカネ、もういらないから、靴脱いで、ここから飛び降りろ」って言うわけです。

「飛び降りてくれたら気が済むから、飛び降りてくれない？」って言うんだもん。

しかも、優しい声で。あれは生きた心地がしなかったですね。


死ねないなら生きるしかない。

今でも電気を消して部屋を暗くして眠ることができません。

税務署のことを考えると眠れなくなるのが、
平成になってからズーッと続いています。

正直に申し上げれば、家族や周囲の人間に
これ以上迷惑をかけるならいっそ、と
思いつめたことも何度かあったのでございます。

死んでしまいたいような苦しみ、
生き地獄を乗り越えたら、
死ぬときのほうが大分《だいぶ》楽だろう、とがんばる毎日。

さまざまな悪徳の積み重ねと、その応報としての辛酸《しんさん》、生き恥、そうした日々を通して、私ははじめて人間の純粋さの尊《とうと》さというものを垣間《かいま》見ることができたという気がする。

ブチ切れたとて傷つくのは誰でもない、本人自身だ。
やぶれかぶれは自分の乗っている船の栓《せん》を抜くようなもの。
船には家族も従業員も一緒に乗っている。

いつも生き生き、明朗快活、奔放に。これが借金を背負っている人間に求められる最低限の礼儀作法であると、考えているのです。

子供の頃、逮捕されて新聞に載《の》っている犯人の名前のあとに「前科4犯」などと明示されていました。父に「この前科4犯ってどういう意味なの？」と訊《き》くと、「こんな野郎は人間じゃないよ、クズの証拠だ」と吐《は》き捨てました。

気がつけば前科7犯を数える身となっていました。

あの世で父はなんと言っている⁉

誰だってギリギリのところで生きています。
ゆったり、まったりマイペースで生きることなど
許されるのは老人ホームに入居してからです。

反省し過ぎないことだよ。
過去を振り返るとみんな鬱《うつ》になるんだよ。

## 借金50億円、前科7犯……それでも私は生きている

1990年に絶頂期を迎えました。ダイヤモンド映像設立からわずか2年ほどです。打つ手、打つ手が時代と呼応《こおう》し、札束となって降り乱れました。「AVの帝王」との〝称号〟も頂戴《ちょうだい》しました。この先にいかなる黄金郷が待っているのか――順風満帆《じゅんぷうまんぱん》に思えました。ところが……。

ある日、三菱商事のエリートが私のところにやって来ました。天下の三菱が、衛星放送の事業パートナーとして私を指名したのです。俄然《がぜん》やる気になりました。しかし衛星放送事業なんて当時わかっている者など日本にはいませんでしたから、私も言われるがままでした。さらに委託放送事業のやり方ではなく、独自のトランスポンダを持った地球局を持たなければいけない。ちょうど川崎《かわさき》に19億円で売りに出ています、と。わかりました、買いましょう。月々の電波料は2億5000万円です。わかりました、払いましょう。

「空からスケベが降ってくる」――そんなキャッチフレーズで契約者を5000人ほど増やしましたが、採算ラインははるか遠くにかすんだ状態です。とにかく経費が追いつかない。しかし私はそこにガバガバ投資していくわけです。4階建ての豪華クルーザーを18億円で購

入して、これで全国の港をまわってパーティーをしながらダイヤモンド映像の加盟店を募集しようとか、そんなバカみたいなことばかり考えるようになりました。そうすると、どんどん本業のAVへの創作意欲がなくなっていくのです。売り上げはみるみる下降線を辿《たど》り、気づいたら自転車操業状態、半年で取り返しのつかない泥沼にはまっていました。

博打《ばくち》はダメですね。一《いち》か八《ばち》かをやってはダメだってことです。本業は本業としてきちんとやった上で、別の試《こころ》みを2割とか3割くらいの力でやらないといけないということを、そのときの経験から学びました。それに、それまで何でも自分ひとりで行動して決断してきましたから、一度判断ミスをすると会社自体も後戻りできなくなってしまうんですね。会社がおかしな方向へ舵《かじ》を切りだすと、持ち逃げや使い込みといったわけのわからないことが、ぼこぼこ起きるようになります。強力なリーダーシップというのはもちろん大切ですが、でもそれが支配になってしまっては絶対にいけません。誰かが、間違っていると言える自由な空気がなければ、それは会社でも何でもない、〝サティアン〟ですよ。

1992年11月、ダイヤモンド映像は銀行取引停止処分となり倒産いたしました。設立からわずか4年でした。私の手元に残ったのは、50億円の借金でした。

50億円のうち、20億円を「よんどころないところ」から借りておりました。暴対法ができる以前のことでございます。毎月８０００万円ずつの返済に追われる生き地獄の始まりです。

裸になった私にできることはただひとつ。ＡＶを作ることです。２年間でおよそ１５００タイトルもの作品を作りました。それらはすべて「薄消《うすけ》し」や「裏モノ」と言われるもので、当時裏市場の７割を私の作ったものが占《し》めていたと言われています。そうでもしなければ、私自身がドロンの運命ですから、警察との追いかけっこをしながら必死でした。この20億円だけは２年間で返し切らないといけない。捕まってる場合じゃなかったのです。

借金を背負った苦しみは、借金をした人にしかわかりません。同じように、お金を貸した人間の苦しみは、貸した人間にしかわからないのです。私は、自身の経験から、借金を背負っている人が苦しいと言うのは罰当《ばちあ》たりな話だと思います。なぜなら、お金を貸しているほうがよっぽど苦しいのですから。もし、あなたさまが誰かに10万円貸して返してもらえなかったとしたら、藁《わら》人形に五寸釘《くぎ》でもぶち込んでやろうというくらい許せない気持ちになるでしょう。だから借りているほうは、口が裂《さ》けても苦しいなんて言えないのです。

ある意味での諦観《ていかん》が肝要です。どうせ返さなきゃ次はないんだから。それに、借金がもたらしてくれるがんばりだとか、辛抱《しんぼう》だとか、あるいは返したことへの信用というものは確実にあるのです。私が新たな事業を始めるときに5億円のお金が必要だったのですが、そのお金はかつて20億円の借金をして返した「よんどころないところ」から借りました。

おまえは恥ずかしげもなく借金のことなんか他人様の前でよく言えるな、と思われるかもしれません。しかしですね、私のような人間でもこうして生きているのです。それを皆さまにお伝えしたいのです。50億円の借金を背負ったって、屁でもないということを皆さまにご理解いただけると、私の経験も無駄じゃなかったのだと思えるといった次第でございます。

俺は、僕は、私は、もう首が回りません、もう潰《つぶ》れます、と。あなたさまの借金はいくらですか？　7000万円、そうですか。そんなの片腹痛いのでございますよ。私は50億円です。あなたさまは、ご自分の奥さまとイタしているところを無修正で皆さまに見せたことはございますか？　ありませんよね。私は数百万人の方々にご開帳しております。あなたさまに前科はございますか？　交通違反くらいでございますよね。私は前科7犯なのです。おぞましいのでございますよ。街に出たとして、あなたさまの顔を見て7000万円の借金を背負った中小企業のオヤジだなんて誰かが指をさしますか？　私なんてパッと表に出ただけで「借金、借金、借金」と行《ゆ》き交《か》う人にも後ろ指をさされ、針のむしろでございますよ。ですからあなたさまは、私と比べたらとんでもなく絶好調なのです。

自分よりもっともっととんでもない奴がいる、最悪な奴がいると知ることは大切です。もはやこれまで、なんてことはない。上ばかり見ているからおかしくなってしまうのです。

私自身は、ここは通過点にすぎないのだと、自分にそう言いきかせてきました。ここから這い上がることができれば、またひとつ伝説ができるじゃないかと。私の好きな言葉があります。

「どんな苦しみだって耐えられる、過ぎ去ってしまえばすべて思い出になるから」

風邪をひいて、40度の熱を出して寝込んで、熱が下がった朝に窓を開けて見た朝顔の美しさに心を奪われる瞬間があるでしょう。それは高熱のおかげで味わうことのできた感動なんです。

まだまだやれることはたくさんあります。倒《こ》けつ転《まろ》びつ、転《まろ》びつ倒《こ》けつ、今日を生きましょう。

どん底でもまだすべてを失ったわけではない。

自分のケツの穴を見せずして、
人のケツの穴を見るな。

もっとどうしようもないのが、ここにいるよ。

人の幸福はあらゆる苦悩を
苦悩としない心の中に存在する。

借金なんて、借りてるほうが
苦しいなんて言ったらバチが当たるよね。

元はと言えば裸一貫で立ち上げた仕事だ。
無一文になることが怖くて社長業なんかやってられない。

人に騙《だま》されたり、お金を失ったって何も怖いとは思わない。
なぜならばそんなのは全部「僥倖《ぎょうこう》」でございますから。

お金は自分を幸福にするためにあるのではなく、
自分がいかに強く苦しみの中でも耐えられるかをわからせるために
あるものだと思っている。

# 借金50億円でも命があるんだからラッキー。

借金はマイナスではありません。借金はあなたさまのエネルギー源です。
借金があるからがんばることができるのです。借金をしたくない、
とのお考えのようですが、日本の名だたる企業で借金がない
企業などあるでしょうか。

村西とおるは負けません。
会社が倒産しても村西個人は死なない。
情熱、創造力に倒産はないんです！

女房子供じゃない、赤の他人で俺みたいな人間に優しくしてくれた人のことを思い出すと、もうちょっとがんばろう、と思うんです。

100円玉1枚出すのにも苦労するような奴を、信用してくれる人間が何人もいたのでございます。

（人間関係は利害関係によってのみ成立するものではないとわかった。こういう無償の愛というものがあるということを知っただけでも、倒産したことはよかったと思います）

私のような立場の人間は、自己破産なんかしたらダメなのです。

自己破産せずに、それでもがんばっている。

そこに私の「逆境に強い男」という商品価値があるわけです。

瀬戸際《せとぎわ》に立ってしまったときは、
私のイッたあとのほうけた顔を思い出してください。

(借金50億円、前科7犯の私のような男がまだ生きているんです。しかも、日本全国の皆さまにアナルをさらし、精液がほとばしる瞬間まで見せている。どんな人でも私よりはマシでしょう)

何が必要か、と問われれば「意思の力」と答えます。
持続する力ではなくマイナス思考を止める意思の力。
ふと気がつくと悪いことばかり考えている自分がいる。
将来のこと、経済、健康、仕事、と眠れなくなる。
頭にネガティブなことが浮かんだら瞬時に抹殺する意思の力が欲しい。
スケベの力はもういっぱいだ。

深く考えるクセがある。
というより、考えても仕方がないことをクヨクヨといつまでも考える悪いクセ。
取り越し苦労という奴。ふと頭に浮かぶネガティブ思考。太陽と同じく
見つめ続けていると焼け焦《こ》げる。太陽を裸眼で見ない知恵をつけたように、
考えない賢《かしこ》い人間でありたい。

これから起こる恐ろしいことってなんだろう、と考える。
いくら考えても思いつかない。大概《たいがい》の恐ろしいことは既に
経験していることに思い至る。来るなら来い、と
裸一貫の人間の開き直り。

結果だけを云々《うんぬん》するなら、この世の99パーセントは地獄の日々だ。
目的を成し遂げるまでの日々は苦しみの連続だから。
1パーセントの楽しみのために99パーセントの人生を犠牲にするなんて嫌だ。
山登りのように、登山の途中の風景や雨や雲を楽しもう、
そうしたことを味わえぬのなら山に登る資格はない。楽しめたら山頂は二の次だ。

どう思われるか、の生き方を捨てて
ラクになりました。

# 第4章

# 人間だもの、大変だね

お尻の穴を見せる覚悟で、
生き恥をさらしております。

わたくし、村西は、パンツ一丁で、
大《だい》道《どう》を歩いてきた人間ですから。

エフ(F)・ユー(U)・シー(C)・ケー(K)で
人間の原像を垣間見《かいま》、
そして逆境にあって人間の心の内を知る。

嘆《なげ》くまい。
倒産して行方《ゆくえ》知れずになった友を思えば
なんの不足があるものか。

すべて、いいんですよ。起きたことは宿命だし、納得できます。
だから、失敗した、なんてことはないんですね。

遠回りしてはじめて、本なら2行で書いてあるような真実が、沁《し》みる。
そういうもんなんです。

人間は、〝ただならざる欲望〟を
秘めているものなんです。

どんな人間でも自分をこよなく愛して生きている。

他人様がションベンしてるところを見たら「ごめんなさい」。ごはんを食べるときは「いただきます」。礼儀作法のことばが必要です。

摑《つか》んだ栄光の座はさまざまな要素が絡《から》み合って編《あ》まれた、絶妙なバランスで成り立っている脆《もろ》いイス、でございます。
一方のバランスを脆くも崩してしまえば、すぐに倒れてしまう儚《はかな》いものでございます。

人間は必ず失敗します。
その失敗を引きずらず、
いかに早く忘れて次の目的に向かって挑戦するか、
が人生の別れ道となります。

毒舌が許されるのは、
毒舌を自分より強い立場の人間に
向かって吐《は》くときでございます。

世の中のプレッシャーは、自分で考えて起こしている
プレッシャーです。余計なことを考えすぎることは
「馬鹿の考え休むに似たり」でございます。

明日のことを考えるから気がふさぐのです。
今日1日だけのことを考えて生きましょう。
余裕が出てきたら、1週間後の自分が今の自分を見て
後悔しないように今日を生きましょう。

限界などどこにもありません。
全部自分が勝手に決めてしまった限界にすぎません。

## お父さんの笑ったり泣いたり、には家族と従業員の命がかかっている。

毎月の支払いが8000万円もあって、家に全然お金を入れなかったんですよ。女房のAV女優時代の蓄《たくわ》えで生活していた。住んでいたマンション中に「金返せ」の張り紙を貼られたり、家賃が払えなくて大家さんに怒鳴られたり。借金のカタに渡した妻との無修正のビデオが流出してしまうなんてこともありました。女房には、今に見てろ、束《たば》になったものを渡すと言いながら、渡したのが請求書の束だったというね、そういうことをやってずいぶん苦労かけましたね。

男が悲鳴を上げないのは、妻からの三行半《みくだりはん》が待っているから……。
離婚されるのが嫌だから、ぐっと歯を食いしばるんですよ。

今夜も精根《せいこん》尽き果てて床《とこ》につく。
永遠に続くことはなにもない、
と呪文を唱えて……。

## 辛酸を舐め続けた8年間の日々

「うちにはもうお金がないのよ」

女房にぽつりと言われたときに、ハッとしました。

家賃を6ヶ月くらい滞納していたんです。ある日、息子を送り出そうとドアを開けたら、大家さんが立っていました。子供を幼稚園に行かせられる金があるんだったら家賃くらい払えるだろう、この野郎！　そう怒鳴られました。申し訳ありませんと頭を下げることしかできませんでした。

女房はAV女優をやっていましたから、そのときの蓄えがまだあるだろうとタカをくくってうちにお金を一銭も入れていなかったのですね。そうしていた理由はそれだけではありません。借金取りがうちにやって来ないように、毎月あっちに10万円、こっちに10万円というふうにお金を払っていたからなのです。

しかし妻からの一言は堪《こた》えました。これはまずい、と。意を決して女房に話をしました。これからは家族を守るために最優先でうちにお金を入れる。しかし、そうなると借金取りが来るかもしれない。申し訳ない。耐えてくれ。俺はこんな情けない男なんだよ。かつての、あなたが知っている村西とおるなんかではないんだ。あなたがあれほど崇《あが》め奉《たてまつ》った「監督」は虚像だ。家庭のひとつもろくに守れない意気地なしの甲斐性なしの男だよ。どうか、こんな俺を見限ってくれ。

すると彼女は私に、こう言ったのです。

「私は運命に逆《さか》らわない生き方をしたいの」

その言葉を聞いたときに、毎日返済の算段を繰り返すばかりでささくれ立っていた自分の心が、きちんとした場所に落ち着いていくのを感じました。ふわりと抱きしめられたようでした。そして、改めて自分のちっぽけさを噛みしめました。

うちに借金取りが来ないように、なんていうのは格好をつけて見栄を張っていただけだったのだ。そうすることがかえって家族を追い詰める結果になっていたということを、こんなギリギリになって知るとは、なんて身勝手な男なのだろう。このときが、借金というものに対してきちんと向き合えることになった分水嶺《ぶんすいれい》でした。

案の定、借金取りはうちにやって来るようになりました。現在のような暴対法のある時代ではありません。電話が頻繁《ひんぱん》に鳴り出すようになりました。マンションのエントランスのガラス一面に、さらには120戸ほどあるマンションのいたるところに貼り紙がしてありました。「詐欺師《さぎし》」「金返せ」「泥棒」……。友人に手伝ってもらい、各住戸の住人に謝《あやま》りながら1枚1枚はがしていきました。

「あんた！　もう日本から出て行きなよ！」

そう言われたこともありました。返す言葉もございませんでした。

家族を守るため——借金取りが押し寄せるような経験をさせて、まったくどの口が言うんだという有《あ》り様《さま》なのでございますが、それでも私なりに体を張ってがんばってまいりました。

息子の通っていた学校というのが、都内の名門私学でした。記念に、という気持ちで受験したら受かったのです。しかしそういった学校ですから、同級生には、日本を代表するような企業の社長のご子息が山ほどいます。父親の職業がAV監督、なんていうのは前代未聞だったでしょう。入学式も、運動会も、授業参観も、自主規制の身でございました。

「ご存知ですね？」

息子が小学2年生のとき、担任の先生に呼ばれて、開口一番こう言われました。ご存知と言いますと？　私が聞き返しますと、先生はこのようにおっしゃいました。少なくともお子さんが多感な年齢の時期を過ぎるまでは、ご活動を多少控えていただいたほうがよいかと思います、と。

おそらくそのとき先生は、なにも私にAVをいっさい撮るな、なんてことを言っていたわけではなかったのだと、今にして思えばわかります。要するに、また逮捕なんてことがないようにしてください、という程度の意味だったのです。ところが私はこのとき、AVの仕事をするべきではないと即座に思ったのです。

事実、それから8年間、私はAVの世界とはほとんど関わりを持たないようにいたしました。しかし、AVを撮らない私なんか、卵を産まなくなった鶏《にわとり》も同じです。蕎麦《そば》屋、タオル屋、さまざまなことにチャレンジをしましたが、どれも失敗しました。

また担任の先生にこのようなことを言われました。

「生活のほうは大丈夫ですか？　うちは学費が高くて大変でしょう。しかし奨学金というものがありますから安心してください。学費が払えないという理由で学校を辞めるというのはお子さんのためにも避けましょう」

涙の出る思いでした。

この頃、出版社やテレビ局からは、名門私学に合格させた子育ての秘訣を語って聞かせてくれ、というような依頼が次々舞い込みました。しかし私はすべて断りました。子供のことを飯《めし》の種にはしたくなかったからです。子供と私はぜんぜん違う人生を歩んでいるのですから。

それに、他人様に自慢できるような教育なんて何もやっていません。ただ、大自然で一緒になって遊んでいただけです。土日になれば都内の公園や海や川など、いたるところに行って、どろんこになるまで遊びました。私が息子にしたことは実にそれだけです。

生活は本当に大変でした。ですが、息子と遊んでいると不思議と今が輝いて見えたのです。私は息子に何も教えてはいない。私が息子に教えられたのです。辛酸を舐め続けた8年間の日々でしたが、私はたしかに幸福でした。

自然の恵みはありがたい。
手前どものようなロクデナシでも
エコヒイキをしないでくれる。

この世は仮の宿、と言います。
この日本の国土の上にあるもので永遠に
自分の自由にできるものなどひとつもありません。

相手がどんな人であろうとも、
二度も頭を下げれば、
理解してくださるものでございます。

人を軽蔑することは間違っている。それは自分に返ってくる矢だ。

自分の正義を謳《うた》い上げるとき、
その陰でその「正義」のために犠牲になっている
存在への心遣いが必要である。

原因や責任を他者に向けている心根《こころね》からは、
何も見出せません。

同じやり方が誰にでも通用するわけじゃありません。

所詮《しょせん》なるようになるしかない、と

タカを括《くく》って生きる生き方が、肝心でございます。

嫌なことはすべて忘れて生きる癖《くせ》が身につきました。

タクシーから降りる寸前、メーターが上がるときがあります。

でも目くじらを立てたことはありません。

メーターが上がったのと同じ比率で、上がる寸前に降りたことがあることを悟《さと》らされるから。世の中は損も得も同じ比率で廻《まわ》ってくるような気がしています。

借金はイッパイ背負ったけれど、それも財産のうち。

運が悪いことは山ほどあったはずだが、気がつかなかっただけ。
これまで死なずにやって来られたが、体のアチラコチラに
致命的な病巣が発生していたかもしれない。
あるいは危機一髪のところで命を失う事故から逃れたことも
あったが気がつかなかっただけだろう。
だから生きているだけでありがたい、運が良い、ということ。

私の価値というのは、
パンツを脱ぎ続けるところにあるんですから。

思い悩んだとき、遠くから自分を見ると
スッキリすることがあります。

山ほど借金をしてきましたが、
勝った負けたは関ヶ原の戦いと同じ。
勝つときもあれば負けるときもある、と決して挫《くじ》けなかった。
自慢じゃないが1億円を貸して返してもらえなかったこともある。
へこたれてはいけません。

人生はオセロゲーム、
成功ばかりはありませんが失敗ばかりもありません。
卵を割らなければオムレツは作れないのです。

人間はいざとなれば生きるために何でもやるのだ、
人間のいざとなれば、の本性を甘く見てはいけない。
常識や道徳なんかクソ喰らえだ。何としても生きるのだ。

## 「よくぞ僕のところに来てくれました」と彼は言った

あと2時間——。3時までに8000万円を振り込まないと絶体絶命、というときがありました。必死に知り合いに電話をかけ、誰か8000万円を貸してくれる人はいないか尋ね回りました。すると京都のある人物が、東京で金貸しでもやろうかと言っている、と。藁《わら》にもすがる思いで、その方がいるという大塚《おおつか》の駅前の事務所まで向かいました。

初対面でした。事情を説明し、8000万円お借りできないでしょうかとお願いしました。しかし、さすがにはじめて会った相手にそんな大金を貸してくれるほど世の中甘くはありません。無理だよ、と。

私はそれでもあきらめませんでした。舌が千切《ちぎ》れてもいい——そんな思いで話し続けました。そのときでした。突然、目から鮮血がほとばしったのです。ピューッと。それはそれは気恥ずかしくなるほど赤い色をしていました。テーブルの上に飛び散った血液が、まるで身《み》悶《もだ》えする今の私そのもののような気がして、なんとも言えない気分になりました。

失礼しました、私はあわてて拭《ふ》き取りました。血の滲《にじ》んだ片方の視界に映《うつ》るものは、もはや現実の光景とは思えませんでした。もしかしたら、地獄に片足を突っ込んだのかもしれない。もうほとんどあきらめかけたときでした。今度は携帯電話が鳴りました。すみません。重ね重ね頭を下げ、ディスプレイを見ると、おふくろでした。どうしてこんなときに！

「お母さん、今お客さんのところに来ているんだ……うん……うん、ごめんね……あとでまたかけ直すからね」

普段、「お母さん」なんて言ったこともないのに精一杯無理してその場を繕《つくろ》いました。電話を切ってまた彼と向き合いました。

「なんや、おふくろさんか？」彼が聞きました。

「はい」私は目を押さえて頭を下げました。「失礼いたしました」

「親孝行せなアカンな」

私は血の流れる目を押さえ続けました。「どうも、みっともなくてすみません」

「よっしゃ。わかった。８０００万、貸したる」そう言って彼は部下を呼び、今からすぐ銀行に行って振り込むようにと命じました。

私はそんなふうにして、はじめて会った人に８０００万円という大金を借りたのでした。

あるいはまた、こんなこともありました。

数年前、大病を患《わずら》って入院したあとのことです。療養のため、何ヶ月も仕事ができないでいました。手持ちのお金はほとんどありませんでした。息子の学費をどうやって捻出するか、頭を悩ませました。

あれこれ思案する中、ふっと一人の男の顔が浮かびました。それはかつて私のところで助監督をやっていた男です。Tという名前で活躍した彼は、私の作品には欠かせない男の一人でした。その彼は、今や独立して立派にメーカーの社長をやっているという話を人づてに聞いていました。

彼のところに行ってみようか……。しかしなかなか踏ん切りがつきませんでした。それはそうです。かつての部下に頭を下げてお金を借りようというのですから。私は共通の知人にまずは連絡をとってもらうことにしました。

そうして私は、久しぶりにTくんに会いました。借金の話を切り出しました。すると彼は、こう言ってくれたのです。

「ああ、監督、ありがとうございます。監督が大変な状況で苦しんでおられるというのは人づてに聞いて知っておりました。でも、僕のところになんか来てくれないだろうなあと思っていました。よくぞ、僕のところに来てくれました。監督、本当に感謝いたします」

そう言って彼は、手をついて頭を下げたのです。

涙が止まりませんでした。

翌日、銀行に行くと、私のお願いした倍の金額がTくんから振り込まれていました。そのあとも、全部で合わせて4回ほど、お金を振り込んでくれたのです。彼には感謝してもしきれません。

そうやって私は他人様からお金を借りてきました。だから私も人にお金を貸します。人間は、してもらったことは忘れないのです。

友達同士で金の貸し借りをするとせっかくの友情が壊れてしまう、だから友達にはお金を貸さない。そんなことを、いかにも美徳のように言う人がいます。違います。友達だからこそ、つらいし恥ずかしいけど、金を貸してくれと言ってくれるのです。その相手の気持ちを考えたら、よくぞ俺のところに来てくれた、ありがとう、そう言ってお金を貸してあげてください。そういうふうにできる自分が嬉しいじゃないですか。

感謝されたいという気持ちを持てば
それがアダとなることを知りました。
他人のために何かをするときは、
その「アダとなる気持ち」が起きないように、
「ありがとう、と言われることを決して望んではならない」
ことを学べたのは大いなる収穫でございました。

相手に期待しないこと。

借金の申し入れをされたら、
よくぞ俺のところを訪ねてくれた、
とその手を強く握ってあげてください。

他人を疑ってばかりいると、
つらい思いをすることがないかわりに、
幸せを感じる機会も失われるぞ。

自分だけ良ければいい、人間の幸福は誰だってそうだ、と言うかもしれませんが、違います。自慰の快感と肉体関係のソレを比べてみれば一目瞭然です。自分だけ気持ちいい、なんてたかが知れていることがわかります。相手の喜びを自分の喜びにすることができるエクスタシーには、とても敵《かな》わないですから。

人生はお互いさま、
水に流してこそ生きていけるんだ。

世界はいっぺんに変わることはありません。
本当の変化は、自分の心が変わることで起きるのです。
ボヤいて他人や周囲を責めて嫌なことだらけにしてはいけません。

モメ事の答えは、他人ではなく
全部自分の心の中にあると考えます。

自分は精一杯他人から許されてきたクセに、イザとなったら許せない、と言う人間。
許せない、などと言う資格のある人間なんぞ、ついぞお見受けしたことがない。
手前どもは愚か者ゆえに「許せない」などと多分一生言う機会がない幸運。
許せない、などと言ったらきっとヤキが回った証拠。許さないでください。

ケチほど本人の思いとは違って
人生を貧相にして犠牲にする欲はない。

道端で古雑誌を売ってるような人がいれば、
必ず1冊買って「がんばってください」と声をかけるようにしています。

駅前で例の雑誌を売っている青年。雑誌を持つ手で顔が隠れていた。
挨拶《あいさつ》しようとしたのに意識して顔を隠しているかに見えた。
立ち止まっていたら青年は気づいたのかコチラをチラリと見た。
顔に気恥ずかしそうな笑みが浮かんでいた。いいんだよ青年、
お互い励《はげ》まし合って生きていこうよ、仲間じゃないか。

いつからか、年末になっても年の暮れだと考えるのを止めにしました。
どうにも上手くいかない日々を重ねて、気がついたら年の暮れを迎えていた、
という現実を前に、えも言われぬ喪失感に襲われるのが嫌で、
年末になっても毎月の月末と同じに考えるようにしております。
暦《こよみ》通りだとなにやら焦《あせ》って、切なくなるのです。

人間とはどんな存在であるか。
その究極の思考はエゴイスティックな自己愛であるかそれとも
他者を優先するヒューマンな存在であるのか、日に何度も自問して
未だ沸騰点《ふっとうてん》を見出せず、今日も今日とて街を彷徨《さまよ》い歩き、
200円のコーヒーブレイクでございます。

世の中の人が死んでしまいたいほどに
屈辱的に思えることでも、
何も感じないどころか誇れる人間がここにいます。

# 第5章

# 生きてるって素晴らしーい！

60歳を過ぎてはじめて
春夏秋冬を感じられるようになりました。

世の中の真実を知るというのには、
時間がかかりますね。

私の過去なんてレロレロ、
レ~ロレロ舐《な》めても消えないんですからねえ。

ハダカで生まれてきたんだから、
ハダカで死んでいけばいいんです。

「あんたでよかった」「パパでよかった」と言われるような男でありたい。これがないと何のための人生かわからない。

本当の永遠とは何かというと、愛するものの瞳《ひとみ》の中にあるということですよ。

今が一番なんだから。

いくら神仏にすがっても、神様、仏様は自分が死んだ姿を自分に見せてはくれないのです。見ることが無いことは、無いことと同じです。無いものを恐れてはいけないのです。このことを、もっともっと人は学ぶべきでございます。

太陽と同じく、死を直視することはかないません。死んでも、なにも救われることはないのです。

自分が死んだ、という事実を
確認できないのが人間です。

# 病気だから、を理由に逃げない自分でありたい。

余命1週間、の死の宣告を受けたことがあります。

痛みと苦しさでのたうち回った。人間は死を前にすると恐怖で身がすくむより、火事場の馬鹿力が出て、発狂するほどの苦痛も狂うことなく乗り越えることができる力があることを知った。

死を眼前に突きつけられた絶望での収穫。

だから死んだ気でやるのが正しい。

## 1週間以内に100パーセント死にます

2012年の3月15日でした。調子が悪くなって倒れてしまったのです。その前くらいからずっとお腹のあたりが痛くて、おかしいなと思っていたのです。しかしこういう性格ですから、倒れても医者にはかかりませんでした。我慢していればそのうち良くなるだろうと放置しました。

すると4月、5月と、どんどん痩《や》せていったのです。調子が悪いと感じ始めてから3ヶ月で、85キロあった体重が53キロくらいになっていました。そして6月には、ついに歩けなくなりました。きっとこれは癌《がん》に違いない。いったい何の癌なのだろう。まいったなあ。生活もあるというのに……。体の不調のシグナルが、そのまま私の未来への赤信号のように点滅し、暗澹《あんたん》たる気分になりました。

6月27日、病院に行きました。すぐに精密検査をされました。検査の結果が出て、医師にまずこう言われました。大変ですよ、と。何の癌ですか？　私は反射的に聞きました。そうしたらその医師は、癌ではないと言うのです。心臓の弁が二つともボロボロで、こんな状態で生きているのが不思議なくらいです、と。なんでも、25万人に1人いるかいないかの奇病だということでした。

すぐに入院ということになり、さらにいろいろな検査をされました。数日後、検査の結果を持って、今度は7、8人の医師が私のところへやって来ました。そしてこう言われました。

「このままだと、1週間以内に100パーセント死にます」

私は気がおかしくなりそうでした。「1週間以内に100パーセント死ぬなんて病気がこの世にあるんですか？」

「あるんです」医師は静かに言いました。「あなたの病気がそれです。今、この瞬間に死んでも不思議ではないのです」

「助かる方法はないんですか？」

「手術をしましょう」

「手術をすれば助かるんですか？」

「50パーセントの確率です」

そんなことを言われても、こちらとしては1パーセントの可能性にだってしがみつかなければならない身ですから、選択の余地はありませんでした。

手術は12時間にも及びました。目が覚めたとき、私の手足はベッドに縛《しば》り付けられていました。テレビは、ロンドン・オリンピックの熱戦を伝えていました。結局、私の手術は成功とも失敗ともはっきり言われませんでした。つまり、もはや完全には治すことができないというところまで悪化していたのです。

あれだけ長時間に及ぶ手術をしたのに……、これからの生活だってあるのに……、医師から聞かされた「手術結果」は私を奈落の底に突き落としました。

8月20日に退院しました。しかし私の心臓はいつ止まってもおかしくないのだと思うと、息をする瞬間にも恐怖を感じるような始末でした。完全に心が破壊されていました。家に帰って夜になってもまったく眠れませんでした。

いつからか、睡眠薬が手放せなくなりました。1錠が2錠になり3錠になり……どんどん増えていきました。普通は1回1錠でいいところ、私は6錠飲まないと眠れない体になっていたのです。完全に眠る力を失っていました。

たまたま知人のところに行った折、睡眠薬に頼っているんだという話をしました。すると彼は私の睡眠薬をその場で一気に飲んだのです。おそらく薬の効力をそれほど深く考えていなかったのかもしれません。ちょっとトイレに行ってくると言って立ち上がり歩き出した瞬間、その場にバターンと倒れてしまったんです。彼はそれから10時間ピクリとも動かず眠り続けました。それを見て、私はなんてとんでもないものを飲んでいたのだろうと、そのときようやく思ったのです。しかし、だからといって、すぐにやめることはできませんでした。

薬というものは本当に恐ろしいものです。人間を根本から壊してしまいます。

退院してからの7ヶ月くらいの期間、それは私にとって本当につらいものでした。家の中の狭い空間にいるのが怖くてたまらない。朝7時に家を出て、公園のベンチに行き、夜の11時くらいまで何もせずただじっとそこにいるのです。それで家に帰って、風呂に入って、ガッと睡眠薬を飲んで、パッと眠る。そして翌朝起きるとまた外に飛び出る、そういう生活でした。今考えると、自分の家が怖くて帰れない、家族の顔を見ても怖いと感じるっていうのは、いったい、なんだろう……。体重もさらに落ち込んで、40キロ台になっていました。俺はもうダメだ——このときほどそう思ったことはありません。

借金よりも、薬のほうがよっぽど怖いということを私は身をもって知りました。

苦しかった、叫びたかった、恐ろしさでのたうち回った。が、騒いでも何も変わらなかった。どうせ死ぬのなら狂い死ぬより楽しく生きようと腹を括《くく》れたとき、灯《あか》りが見えた。

眠れなくて死んだ人間など一人もいないのですから、
心配いりません。

人生は知ることによって得られる幸福と、
知らないことで得る幸福、どちらが多いでしょうか。
癌《がん》ノイローゼにかかり二十数年全国の名医を訪ねた挙げ句、
ようやく癌で逝った知人の男がおります。
知らぬが仏、に軍配をあげます。

人には、再生できるチャンスがあるんですよ。

自分が生きていることで愛している人を励ましている。
生きているだけでいい、何もできずにいてもそれで十分だ、
あなたでなければ力を貰うことのできない人がいる。
嘘だと思ったら聞いてみるといい、こんな私でも生きていいですか、と。
きっといっぱい抱きしめられるから。

何があっても「死ね」なる言葉は
戒《いまし》められて然《しか》るべき言葉でございます。

包容力とは、
「人生のどんなときにあっても
相手の笑顔を願う心」でございます。

人に優しい人は幸せだ。自分が優しいから他人も優しいと思え、心がいつも穏やかでいられる。人に優しい人は幸せだ。沢山の笑顔で生きられるから。

# 人の役割の第一は、何よりも自分の命を生きること。

## 真の豊かさは、人間関係の中にしかない

精神病院にでも入ろうと思いました。そこで薬漬《づ》けになって生涯を終えたほうがましなのではないか――そう考えて、知り合いの医療ジャーナリストにどこか良い精神病院はないかと聞きました。そして彼に事情を話しました。25万人に1人という奇病にかかり、手術も失敗した、その恐怖から睡眠薬なしでは眠ることすらできないのだと。

すると彼は私にこう言いました。たとえ精神病院に入ったとしても、本当に監督の命が危ないのかどうかという問題を解決しないことには、精神はいつまでたっても安定しません。まずはそれを解決しましょう。そのためにもう一度真実を検証する必要があります、と。そうして彼が一人の医師を紹介してくれました。彼との出会いがなければ、おそらく今の私はなかったのではないかと思えるほど、私にとって彼の存在は大きいものでした。

その先生は、とても穏《おだ》やかで、知的な雰囲気のある人でした。改めて行なった検査結果をもとに話を聞きました。心臓に小さな穴が開いており、たしかにもう元のようには戻らないだろう、そう言われました。やっぱりか――ある程度は覚悟をしていたつもりでしたが、最後通告を突きつけられたような気分でした。落ち込んでいる私に彼が続けました。この程度

の穴であれば、日常生活には何の支障もありませんよ。元には戻らないかもしれませんが、ダメになるわけではありません。顔を上げた私に、さらに彼はこう言ったのです。

「もし何かあったら私が、絶対に、絶対に、絶対に――」と彼は三度、絶対にと言いました。

「監督を助けますから」

その言葉で、憑《つ》き物《もの》がすーっと落ちるように楽になったのです。目の前の霧《きり》がぱーっと晴れるように視界がクリアになったのです。私が手術を受けた病院で、とある女医に言われました。医師は「絶対」という言葉を使わないのだと。しかし、私の目の前の彼ははっきりと言ったのです。それも三度繰り返して。

「絶対に、絶対に、絶対に――」

言葉というのはとても大切です。医師にしろ、弁護士にしろ、銀行員にしろ、その言葉でどれだけ多くの人が救われるか。とりわけ彼は他人の命を預かる医師です。絶対に――そう言える覚悟というのはどれほどのものか、考えただけで胸が熱くなります。絶対に――何かあったら困るからというコンプライアンスでがんじがらめになった発想からは、とても口にできる言葉ではありません。絶対に——そこには、人間同士の魂《たましい》のやりとりというものがたしかに存在するのです。

医者にかかる者は不安でたまりません。そういう人間になぜ力強く安心させる言葉をかけてあげることができないのか。余命などというものを弱った患者に伝える必要がどこにあるというのか。必ず良くなるんだという希望のうちに人は死んでいくのです。最後まであきらめずに闘いながら果てていくのです。人生も同じです。人間、一人では何もできません。信頼関係からすべては始まります。

人を信じられる心は豊かです。それはすごいものをもたらしてくれます。逆に、人を信じられないとストレスになるし、不安になる。真の豊かさはお金の中にはありません。それは、人間関係の中にしかないのです。信じる力というのは得をします。信じられないと損をする。

物で豊かさを求めたらキリがありません。満足なんてありません。実際に私は、これまでに7000人の女性経験がありますが、まだまだ今でも、「満足」の領域を手にしておりません。そういうことでございます。

自らを信頼しないと他人を信頼できないのが信頼の心。

孫《そん》（正義《まさよし》）さまがいくらお金持ちだといっても、
1日5食は食べられません。
本当の豊かさはそんなところにはない。

本質は他人との比較ではなく、自分自身の満足だ。
これが運命だ、と何でも受け入れる満足袋を持てれば
それで勝ちなんだ。

私は人生のピークを80歳に設定してるんです。

カップヌードルは安藤百福《あんどうももふく》さま61歳のとき、アンパンマンのやなせたかしさまは69歳、ココ・シャネルは71歳、ケンタッキーのカーネル・サンダースは62歳で圧力鍋1個を車に積んでスタート、三浦雄一郎《みうらゆういちろう》さまのエベレストは80歳。あきらめるには先が長すぎる。

# 私の辞書には〝引退〟の2文字はございません。

ビニ本時代から付き合いのある印刷屋の会長、先ごろ92歳で永眠。
亡くなる前日まで頭脳明晰《めいせき》、体も元気で、
怒ると旧帝国陸軍時代の日本刀を振りかざして手前どもを追いかけ回した。
人間は92歳になってもこんなに元気でいられるのだ、と人生の大きな宝物を頂いた。

久しぶりに友人から電話があった。氏は2年前、大腸癌の手術をした。
今度はアッと言うような事業をスタートさせるつもり、
と声に従前以上の張りがある。
80歳になっても、衰《おとろ》えを知らない闘志が伝わってくる。
どれだけ本気か、私の顔を見たらわかるよ、と言い切った。
こんな友人を持てたことが財産。

70で「余生」なんて言ってる意気地無し。世の中を舐《な》めているにも程がある。
80で漁に出たり畑を耕したり徹夜で警備員の仕事をしている人間はいくらでもいる。
60定年でもういいや、なんて、自分の人生を愚弄《ぐろう》していやしないか。

楽しむのが人生。
飲んで食べて働いて、AVを楽しむ。
結論はその先。生きられるだけ生きてみる。

人生最後の年齢の壁の頂《いただき》も夢を失わずに挑《いど》みたい。

墓などいらない。
墓標は生き残った人間の心の中に立てることができるもの。
死んでまで生者《せいじゃ》を煩《わずら》わすなんてまっぴらだ。
朝日を浴びて、あなたのあたたかさが懐かしい、
と思い出してくれればそれでいい。

# 言葉は心、セックスは心、なんです。

「ありがとう」の一言を。
言えぬはイタす資格なし。

わたくしはセックスというのは、とても楽しくね、
明るく朗《ほが》らかにしたい。
人生は死ぬまでセックスと勉強と労働だ。

君は相手の小便が飲めるか、ということを、
私は愛を語るときのリトマス試験紙だと、かように考えるのであります。
飲んでくれないような人に、どうしてエクスタシーの表情を見せるのでしょうか。
飲みあうことができたふたりは、どんな障害があろうとも、
ふたりのユートピアが築けるはずです。

雨宿りのスポットは、もっぱら「ベローチェ」です。

コーヒー1杯200円という金額が美味《おい》しいです。カウンターの女のコに「ハイ、200万円」と言って、100円玉2枚を支払います。

「金を使いたくって頭がおかしくなりそうなんです」の言葉を添えて。

女のコの笑顔が嬉しくなります。


女性に名刺を渡すときに添える言葉。

「お役に立ててください」

どうしても別れてくれない男がいたら、この名刺を見せて「知ってる」と呟《つぶや》いてください。相手の男は「こんな奴とオマエは関わっていたのか」とあきらめてくれます。このことで〝嘘だった〟というクレームが来たことはありません。

喜んでいいのか。

# ヤッパリ褒め言葉は最高の音楽だ。

人を愛することが難しいのは、
心を空《から》っぽにしてその人のすべてを受け入れる
度量を必要とするからです。

ファンタスティックにまいりましょう。

人生は、喜ばせごっこなんです。

人は励まし合うから生きていけるものだ。
あなたに、お疲れさま！

人生って、ナイスですね。

切りとり線

★読者のみなさまにお願い

この本をお読みになって、どんな感想をお持ちでしょうか。祥伝社のホームページから書評をお送りいただけたら、ありがたく存じます。今後の企画の参考にさせていただきます。また、次ページの原稿用紙を切り取り、左記まで郵送していただいても結構です。

お寄せいただいた書評は、ご了解のうえ新聞・雑誌などを通じて紹介させていただくこともあります。採用の場合は、特製図書カードを差しあげます。

なお、ご記入いただいたお名前、ご住所、ご連絡先等は、書評紹介の事前了解、謝礼のお届け以外の目的で利用することはありません。また、それらの情報を6カ月を越えて保管することもありません。

〒101-8701（お手紙は郵便番号だけで届きます）
祥伝社　新書編集部
電話03（3265）2310
祥伝社ブックレビュー　www.shodensha.co.jp/bookreview

★本書の購買動機（媒体名、あるいは○をつけてください）

| | | | | | |
|---|---|---|---|---|---|
| ＿＿＿＿新聞の広告を見て | ＿＿＿＿誌の広告を見て | ＿＿＿＿の書評を見て | ＿＿＿＿の Web を見て | 書店で見かけて | 知人のすすめで |

★100字書評……人生、死んでしまいたいときには下を見ろ、俺がいる。

名前

住所

年齢

職業

村西とおる　むらにし・とおる

本名・草野博美、職業・AV監督。1948年、福島県生まれ。福島県立勿来工業高校卒業後に上京、バー「どん底」勤務。1970年、グロリア・インターナショナル日本支社に転職し、英語の百科事典『エンサイクロペディア』のトップセールマンとなる。1980年、ビニール本・裏本の制作販売に転じ、北大神田書店グループ会長に就任するが、猥褻図画販売目的所持で逮捕、全財産を失う。AV業界に進出して、1988年にダイヤモンド映像を設立、最盛期の年商は100億円。1992年、衛星放送の投資に失敗、負債総額50億円で倒産する。蕎麦店経営、アダルトグッズ販売などを経て借金を完済。2019年、自身がモデルとなったネットフリックスのドラマ「全裸監督」が世界的大ヒット。著書に『禁断の説得術 応酬話法』など。

**人生《じんせい》、死《し》んでしまいたいときには下《した》を見《み》ろ、俺《おれ》がいる。**
**――村西《むらにし》とおる魂《たましい》の言葉《ことば》**

**村西《むらにし》とおる**

2020年3月10日　初版第1刷発行
2020年4月6日　　　第2刷発行

発行者……………辻 浩明
発行所……………祥伝社しょうでんしゃ
〒101-8701　東京都千代田区神田神保町3-3
電話　03(3265)2081(販売部)
電話　03(3265)2310(編集部)
電話　03(3265)3622(業務部)
ホームページ　www.shodensha.co.jp

装丁者……………盛川和洋
印刷所……………萩原印刷
製本所……………ナショナル製本


Printed in Japan　ISBN978-4-396-11598-2　C0295

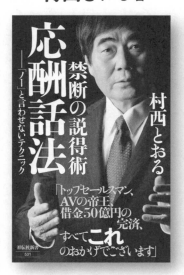